O CÉREBRO, O ENSINO E A CAPACIDADE DE APRENDER

Conselho Editorial da LF Editorial

Amílcar Pinto Martins - Universidade Aberta de Portugal

Arthur Belford Powell - Rutgers University, Newark, USA

Carlos Aldemir Farias da Silva - Universidade Federal do Pará

Emmánuel Lizcano Fernandes - UNED, Madri

Iran Abreu Mendes - Universidade Federal do Pará

José D'Assunção Barros - Universidade Federal Rural do Rio de Janeiro

Luis Radford - Universidade Laurentienne, Canadá

Manoel de Campos Almeida - Pontifícia Universidade Católica do Paraná

Maria Aparecida Viggiani Bicudo - Universidade Estadual Paulista - UNESP/
Rio Claro

Maria da Conceição Xavier de Almeida - Universidade Federal do Rio
Grande do Norte

Maria do Socorro de Sousa - Universidade Federal do Ceará

Maria Luisa Oliveras - Universidade de Granada, Espanha

Maria Marly de Oliveira - Universidade Federal Rural de Pernambuco

Raquel Gonçalves-Maia - Universidade de Lisboa

Teresa Vergani - Universidade Aberta de Portugal

Verônica Maria de Araújo Pontes
Maria Carmem Silva Batista

O CÉREBRO, O ENSINO E A CAPACIDADE DE APRENDER

2024

Copyright © 2024 os autores
1ª Edição

Direção editorial: Victor Pereira Marinho e José Roberto Marinho

Capa: Fabrício Ribeiro
Projeto gráfico e diagramação: Fabrício Ribeiro

Edição revisada segundo o Novo Acordo Ortográfico da Língua Portuguesa

Dados Internacionais de Catalogação na publicação (CIP)
(Câmara Brasileira do Livro, SP, Brasil)

O Cérebro, o ensino e a capacidade de aprender / Verônica Maria de Araújo Pontes, Maria Carmem Silva Batista. – 1. ed. – São Paulo: LF Editorial, 2024.

ISBN 978-65-5563-447-1

1. Aprendizagem - Metodologia 2. Cérebro - Desenvolvimento 3. Desenvolvimento cognitivo 4. Ensino - Métodos 5. Psicologia social I. Pontes, Verônica Maria de Araújo.

24-204541   CDD-153

Índices para catálogo sistemático:
1. Aprendizagem: Aspectos neurocognitivos: Psicologia 153

Aline Graziele Benitez - Bibliotecária - CRB-1/3129

Todos os direitos reservados. Nenhuma parte desta obra poderá ser reproduzida sejam quais forem os meios empregados sem a permissão da Editora.
Aos infratores aplicam-se as sanções previstas nos artigos 102, 104, 106 e 107 da Lei Nº 9.610, de 19 de fevereiro de 1998

LF Editorial
www.livrariadafisica.com.br
www.lfeditorial.com.br
(11) 2648-6666 | Loja do Instituto de Física da USP
(11) 3936-3413 | Editora

Dedicamos essa obra aos docentes e discentes do Posensino para que consigam, com nosso livro, ampliar suas pesquisas, refletir sobre o ensino e sobre a capacidade de aprender que cabe a todos nós, como seres humanos únicos, diferentes e sociais que somos.

Agradecemos ao Programa de Pós-Graduação em Ensino – Posensino/UERN/IFRN/UFERSA pela confiança e apoio nessa jornada educativa e de reflexões em torno do ensino e da escola pública.

A presente publicação foi realizada com apoio da Coordenação de Aperfeiçoamento de Pessoal de Nível Superior – Brasil (CAPES) – Auxílio Nº 0946/2020, nº de processo 88881.593100/2020-01 – PROAP/CAPES.

PREFÁCIO

O que é ensinar? O grande mestre Paulo Freire nos dá uma resposta a essa pergunta de forma positiva e negativa simultaneamente quando afirma que "ensinar não é transferir conhecimento, mas criar as possibilidades para a sua própria produção ou a sua construção" (FREIRE, 2016, p. 24). Essa brilhante afirmação carrega consigo uma compreensão explícita nos trabalhos de muitos psicólogos cognitivistas como Vygotsky (1988), por exemplo, e daquilo que as Neurociências Cognitivas[1] vêm afirmando sobre a aprendizagem humana.

Não é novidade a disponibilidade de diversos trabalhos que buscam estabelecer, por meio dos resultados das Neurociências Cognitivas, que procedimentos seriam mais adequados para que alcancemos nossos objetivos de ensino e aprendizagem. Por exemplo, Jensen (2006), Medina (2012), Piazzi (2008) e Piazzi (2009). Outros, tais como Barrios-Tao (2016), Carvalho (2011), Cosenza e Guerra (2011), Duboc (2011), Fernandes *et al.* (2015), Guerra ([s.d.]), Oliveira

---

1 [...] compreensão dos mecanismos neurais responsáveis pelas atividades mentais superiores do homem, como a consciência, a imaginação e a linguagem. A pesquisa no nível das Neurociências Cognitivas investiga como a atividade do encéfalo cria a mente (BEAR; CONNORS; PARADISO, 2010).

(2014), Pavão (2008), Puebla e Talma (2011), Ribeiro (2013) e Zaro *et al.* (2010), constroem uma ponte mais curta entre neurociências e educação.

Um fato importantíssimo, estabelecido pelos conhecimentos das Neurociências hoje em dia, diz respeito a que, embora a forma como nosso sistema nervoso vai se desenvolver do nascimento até seu estabelecimento completo, tenha suas linhas gerais traçadas no nosso código genético,

> [...] o que torna os cérebros diferentes é o fato de que os detalhes de como os neurônios se interligam vão seguir uma história própria. É como uma cidade planejada, que à medida que vai sendo construída vai adquirindo características próprias, podendo ocorrer, inclusive, algumas mudanças no plano original. A história de vida de cada um constrói, desfaz e reorganiza permanentemente as conexões sinápticas entre os bilhões de neurônios que constituem o cérebro (COSENZA & GUERRA, 2011, p. 28).

Este fato é, hoje, muito bem estabelecido e conduz à compreensão da necessidade da interação e da experimentação para que haja efetivação da aprendizagem. Diferentemente de outras espécies, cujos cérebros adentram ao mundo com sua formação praticamente completa, nós, seres humanos, nascemos com cérebros muito imaturos, cujo desenvolvimento dar-se-á no exterior do útero da mãe, por meio de sinapses e do controle do número de neurônios, a partir da estimulação ambiental.

Muitas pesquisas têm mostrado que a estimulação ambiental é extremamente importante para o desenvolvimento do sistema nervoso. Animais criados em ambientes empobrecidos apresentam, mais tarde, um cérebro menos sofisticado com menor quantidade de conexões sinápticas. Ele pode ser, por exemplo, menos pesado, com um córtex mais delgado. Certamente haverá alterações comportamentais (COSENZA; GUERRA, 2011, p. 34).

Essa possibilidade de modelar/remodelar nosso sistema nervoso se deve à plasticidade cerebral, ou seja, à

> [...] capacidade que o cérebro tem de fazer e desfazer ligações entre neurônios como consequência de suas interações constantes com o ambiente externo e interno do corpo. [...] O treino e a aprendizagem podem levar à criação de novas sinapses e à facilitação do fluxo da informação dentro de um circuito nervoso. É o caso de um pianista que diariamente se torna mais exímio porque o treinamento constante promove alterações em seus circuitos motores e cognitivos, permitindo maior controle e expressão na sua execução musical. Por outro lado, o desuso, ou uma doença, podem fazer com que ligações sejam desfeitas, empobrecendo a comunicação nos circuitos atingidos (COSENZA; GUERRA, 2011, p. 36).

Nesse ponto, já é mais do que necessário que estabeleçamos o que se entende por aprendizagem. Tal tentativa de definição se faz necessário por ser a aprendizagem e sua facilitação o principal escopo deste livro. Para Guerra, ([s.d.])

> alguém aprende quando adquire atitudes, habilidades, conhecimentos, competências para se adaptar a novas situações, para resolver problemas, para realizar tarefas diárias importantes para a sobrevivência e para implementar estratégias em busca de saúde, de realização pessoal e em sociedade, de melhor qualidade de vida, enfim, em busca de viver bem e em paz. [...] Aprendemos o que é útil para a nossa sobrevivência e/ou que nos proporciona prazer.

Para Coelho (2017, p. 178)

> Aprende-se quando o cérebro reage aos estímulos advindo do ambiente e reconfigura-se ativando sinapses, tornando-as mais intensas, levando a configuração de circuitos mais eficazes para o processamento da informação recebida. Pressupõe, portanto, atenção e motivação do aprendiz. Exige esforço, responsabilidade, escolha e disciplina.

De acordo com (CARVALHO, 2011), a memória consiste de aquisição, formação, conservação e evocação de informação. Para ela, a aprendizagem consiste na capacidade de adquirir informação – "só se 'grava' aquilo que foi aprendido". Além do mais, afirma que a aprendizagem não decorre só da memorização de informações, mas sim do processamento e elaboração das informações obtidas por meio das vias perceptuais.

PREFÁCIO   15

Existem algumas funções superiores executadas pelo sistema nervoso, cujo funcionamento adequado é imprescindível para a consecução da aprendizagem, quais sejam: a atenção, a memória e o sono. A *atenção* é um dos processos mais importantes, cuja origem está no sistema nervoso central. É por meio dela que somos chamados a interagir voluntariamente com algum estímulo. É através do mecanismo de atenção que podemos selecionar os estímulos que consideramos relevantes. Para Guerra ([s.d.]),

> atenção é importante função mental para a aprendizagem, pois nos permite selecionar, num determinado momento, o estímulo mais relevante e significativo, dentre vários. Ela é mobilizada pelo que é muito novo e pelos padrões (esquemas mentais) que já temos em nossos arquivos cerebrais. Daí a importância da aprendizagem contextualizada. É difícil prestar atenção por muito tempo. Intervalos ou mudanças de atividades são importantes para recuperar nossa capacidade de focar a atenção.

Um mito perniciosíssimo que se alastrou com o crescimento em massa dos meios de comunicação e com a enxurrada de informação (viabilizada pela *internet*), é aquele de que é possível manter a atenção em diferentes tarefas simultaneamente. Nossos alunos constantemente estudam ouvindo música, interagindo via aplicativos de trocas de mensagens, conversando com colegas etc. No entanto, o cérebro não tem competência para manter o foco atencional em dois estímulos simultaneamente, quer eles tenham chegado ao encéfalo por vias iguais (mesmo sentido) ou por vias independentes (audição e visão, por exemplo). Não é possível para o nosso cérebro subtrair toda a informação oriunda dos dois ou mais estímulos simultâneos.

A *memória* tem, dentre outras, uma função social, cultural e histórica. É por meio dela que constituímos nossa personalidade. Nossas lembranças são nosso único elo com aquilo que não mais existe, mas, que mesmo assim, são uma parte latente de nosso ser e nosso fazer. Enfim, o *sono*. Dormir é uma necessidade física e mental. Dormimos para descansar o corpo e para que nosso cérebro faça os ajustes necessários rumo ao objetivo da aprendizagem.

Portanto, é fundamental que empreendamos atenção aos objetivos que desejamos aprender. Contudo, só isso não é suficiente. A atenção nos possibilitará extrair o máximo de informação dos estímulos perceptuais. Durante o sono, porém, é que o cérebro organiza, reelabora, fortalece as sinapses mais usadas e descarta as demais.

Precisamos, portanto, "avisar" ao nosso cérebro quais sinapses – referente à estímulos recebidos durante a vigília – são importantes e devem ser fortalecidas. É, no entanto, a atenção que você deu àquele estímulo que fará com que ele conduza a sinapses forte ou não.

Nas palavras de Guerra ([s.d.]),

> São as emoções que orientam a aprendizagem. Neurônios das áreas cerebrais que regulam as emoções, relacionadas ao medo, ansiedade, raiva, prazer, mantêm conexões com neurônios de áreas importantes para formação de memórias. Poderíamos

dizer que o desencadeamento de emoções favorece o estabelecimento de memórias. Aprendemos aquilo que nos emociona.

A neurociência estabelece que o estado emocional do aprendiz irá interferir de forma significativa na formação e na recordação de memórias. Dessa forma, não tendo as memórias sido formadas de forma adequada e não sendo possível recordar apropriadamente aquilo que memorizamos, fica comprometido o processo de formação e/ou fortalecimento de sinapses o que irá desencadear uma não satisfatória consolidação do aprendizado.

Também é mister destacar que as emoções podem funcionar nos dois sentidos em se tratando de sua influência no processo de aprendizagem. "[...] é preciso lembrar [...] que as emoções podem ser prejudiciais, pois a ansiedade e o estresse prolongados têm um efeito contrário na aprendizagem. A própria atenção pode ser prejudicada por eles" (COSENZA; GUERRA, 2011, p. 84).

Vale ressaltar que emoções positivas motivam, e a motivação é um estado indispensável para a aprendizagem. Estar motivado é estarmos aptos a perseguir objetivos com a disposição para enfrentar os obstáculos que se apresentem ao processo.

[...] emoção e motivação influenciam a aprendizagem. Os sentimentos, intensificando a atividade das redes neuronais e fortalecendo suas conexões sinápticas, podem estimular a aquisição, a retenção, a evocação e a articulação das informações no cérebro. Diante desse quadro, os autores defendem a importância de contextos que ofereçam aos indivíduos os pré-requisitos necessários a qualquer tipo de aprendizado: interesse, alegria e motivação (CARVALHO, 2011, p. 542).

Acredito que alguma compreensão do campo das Neurociências Cognitivas, atrelado a um conhecimento minimamente adequado da Psicologia Cognitiva são fundamentais para o desenvolvimento de mecanismos eficientes de condução dos processos de ensino e de aprendizagem, bem como para o enfrentamento de dificuldades e transtornos de aprendizagem.

É, pois, por meio da aquisição desses conhecimentos que nos possibilitamos a capacitação para uma práxis pedagógica condizente com nossos objetivos de ensinar e de aprender. Os textos a seguir podem ser uma porta de entrada que, por meio de suas leituras, se abrirá para caminhos que nos levarão a um constante aperfeiçoamento como indivíduos indispensáveis nos processos de ensino e de aprendizagem.

Marcelo Nunes Coelho
Instituto Federal de Educação, Ciências e Tecnologia do
Rio Grande do Norte – Mossoró

REFERÊNCIAS

BARRIOS-TAO, H. Neurociencias, educación y entorno sociocultural. *Educación y Educadores*, v. 19, n. 3, p. 395-414, 2016.

BEAR, M. F.; CONNORS, B. W.; PARADISO, M. A. *Neurociências: desvendando o sistema nervoso*. 3. ed. Porto Alegre: Artmed, 2010.

PREFÁCIO 19

CARVALHO, F. A. H. Neurociências e educação: uma articulaçço necessária na formação docente. *Trabalho, Educação e Saúde*, v. 8, n. 3, p. 537-550, 2011.

COELHO, M. N. Metodologias ativas: uma possibilidade para o ensino médio. *In*: NUNES, A. B.; SOUZA, F. C. S. & PONTES, V. M. A. (orgs.) *Ensino na Educação Básica*, Natal: Editora IFRN, 2017.

COSENZA, R. M.; GUERRA, L. B. *Neurociência e educação: como o cérebro aprende*. Porto Alegre: Artmed, 2011.

DUBOC, M. J. O. Neurociência: significado e implicações para o processo de aprendizagem. Evidência, v. 7, n. 7, p. 25-32, 2011.

FERNANDES, C. T. *et al*. Possibilidades de aprendizagem: reflexões sobre neurociência do aprendizado, motricidade e dificuldades de aprendizagem em cálculo em escolares entre sete e 12 anos. *Ciência & Educação*, v. 21, n. 2, p. 395-416, 2015.

FREIRE, P. *Pedagogia da Autonomia*, Rio de Janeiro: Paz e Terra, 2016.

GUERRA, L. B. *O diálogo entre a neurociência e a educação: da euforia aos desafios e possibilidades*. Disponível em: < https://www2.icb.ufmg. br/neuroeduca/arquivo/texto_teste.pdf>. Acesso em: 29 abr. 2024.

JENSEN, E. *Enriqueça o cérebro: como maximizar o potencial de aprendizagem de todos os alunos*. Porto Alegre: Artmed, 2006.

MEDINA, J. *Aumente o poder do seu cérebro: 12 regras para uma vida saudável, ativa e produtiva*. Rio de Janeiro: Sextante, 2012.

OLIVEIRA, G. G. Neurociências e os processos educativos: um saber necessário na formação de professores. *Educação Unisinos*, v. 18, n. 1, p. 13-24, 2014.

PAVÃO, R. Aprendizagem e memória. *Revista de Biologia*, v. 1, p. 16-20, 2008.

PIAZZI, P. *Estimulando inteligência: manual de instruções do cérebro do seu filho.* São Paulo: Aleph, 2008.

PIAZZI, P. *Ensinando inteligência: manual de instruções do cérebro do seu aluno.* São Paulo: Aleph, 2009.

PUEBLA, R.; TALMA, M. P. Educación y neurociencias. La conexión que hace falta. *Estudios Pedagógicos*, v. 37, n. 2, p. 379-388, 2011.

RIBEIRO, S. Neurociências: tempo de cérebro. *Estudos avançados*, v. 27, n. 77, p. 6-22, 2013.

VYGOTSKY, L. S. *A formação social da mente.* 2. ed. São Paulo: Martins Fontes, 1988.

ZARO, M. A. *et al.* Emergência da Neuroeducação: a hora e a vez da neurociência para agregar valor à pesquisa educacional. *Ciências & Cognição*, v. 15, n. 1, p. 199-210, 2010.

SUMÁRIO

APRESENTAÇÃO 23

Capítulo 1: TODOS SOMOS CAPAZES DE
APRENDER: O cérebro 27

Capítulo 2: QUINTETO DisTD – APRENDIZAGEM
PREJUDICADA 43

Capítulo 3: O PROCESSO ENSINO-APRENDIZAGEM:
RAZÃO DE SER DA ESCOLA 69

Sobre as autoras 81

APRESENTAÇÃO

O título desse livro: O cérebro, o ensino e a capacidade de aprender foi pensado a partir da nossa experiência enquanto professora, pesquisadora e psicopedagoga para fortalecer alguns norteamentos básicos em educação e socializar experiências e estudos a respeito do tema. Levando em conta que o cérebro impulsiona nosso corpo, fazer e pensar foi que pensamos em trazer, inicialmente, uma discussão sobre a formação do nosso cérebro e seu papel no direcionamento dos sentidos, do desenvolvimento cognitivo, psicológico e social, tendo em vista que discutiremos também sobre as interações sociais e seu papel junto ao enfrentamento das dificuldades de aprendizagem aqui apresentadas.

Partindo desse pressuposto é que entendemos a escola como impulsionadora do processo ensino-aprendizagem com as dificuldades encontradas pelos alunos, fazendo-o acontecer de forma efetiva, planejada e inclusiva, o que já está previsto na lei 13.146, de 06 de julho de 2015, a Lei Brasileira de Inclusão da Pessoa com Deficiência (Estatuto da Pessoa com Deficiência), destinada a assegurar e a promover, em condições de igualdade, o exercício dos direitos e das liberdades fundamentais por pessoa com deficiência, visando à sua inclusão social e cidadania.

A lei 13.146, em seu artigo 2, traz uma definição sobre a pessoa com deficiência: "Considera-se pessoa com deficiência aquela que tem impedi- mento de longo prazo de natureza física, mental, intelectual ou sensorial, o qual, em interação com uma ou mais barreiras, pode obstruir sua participação plena e efetiva na sociedade em igualdade de condições com as demais pessoas". (Brasil, 2015)

Além dessa lei, a lei 14.254 de 30 de novembro de 2021 que dispõe sobre o acompanhamento integral para educandos com dislexia ou Transtorno do Deficit de Atenção com Hiperatividade (TDAH) ou outro transtorno de aprendizagem, garante em seu artigo 1 que "O poder público deve desenvolver e manter programa de acompanhamento integral para educandos com dislexia, Transtorno do Deficit de Atenção com Hiperatividade (TDAH) ou outro transtorno de aprendizagem". (Brasil, 2021).

A lei 14.254 garante também em seu artigo 4: "Parágrafo único. Caso seja verificada a necessidade de intervenção terapêutica, esta deverá ser realizada em serviço de saúde em que seja possível a avaliação diagnóstica, com metas de acompanhamento por equipe multidisciplinar composta por profissionais necessários ao desempenho dessa abordagem". (Brasil, 2021).

Sendo assim, é importante compreendermos que os direitos estão assegurados incluindo uma equipe multidisciplinar composta por diversos profissionais capazes de acompanharem

APRESENTAÇÃO   25

os sujeitos aprendentes no processo de escolarização, tornando possível o ato de aprender.

Leis que garantem a assistência plena dos que apresentam transtornos de aprendizagem são variadas e estão aprovadas para que possam assegurar o que é básico e direito de todos: a educação escolar e o processo ensino e aprendizagem de forma inclusiva que perceba todos os envolvidos e que se façam ativos nesse processo de apropriação do conhecimento.

Entendendo que quanto mais conhecermos e estivermos conscientes das políticas públicas em torno da educação, do que sejam esses transtornos, de como seja a sua compreensão e forma de agir em sala de aula, é que construímos esse livro.

No primeiro capítulo: "TODOS SOMOS CAPAZES DE APRENDER: O cérebro mostra" trazemos uma compreensão geral do funcionamento do cérebro e o desempenho do sistema nervoso para que possamos compreender esse órgão que viabiliza ações, pensamentos e tornam possível o nosso fazer humano. Assim, trazemos aspectos ligados ao sistema nervoso e sua divisão, ao papel dos neurônios e da neuroplasticidade na aprendizagem, mostrando que todos somos capazes de aprender.

O segundo capítulo intitulado: "QUINTETO DisTD – APRENDIZAGEM PREJUDICADA" refletimos sobre aspectos evidenciados nos transtornos de aprendizagem: Dislexia, Discalculia, Disgrafia, Disortografia e TDAH com a intenção de podermos identificar e entender como o processo de ensino e aprendizagem pode acontecer de forma inclusiva e capaz de corresponder aos interesses dos aprendentes.

No último capítulo: "O PROCESSO ENSINO-APRENDIZAGEM: RAZÃO DE SER DA ESCOLA" demonstramos a compreensão do processo de ensino e aprendizagem a partir de teorias que se apresentam nas instituições de ensino e que orientam como o professor age, como o aluno aprende, o que o sistema escolar quer ensinar e quais as formas mais apropriadas desse ensinar para que se possa aprender.

Capítulo 1

TODOS SOMOS CAPAZES DE APRENDER: O cérebro mostra

Primeiro precisamos compreender que um fator imprescindível quando falamos em aprendizagem é a convicção que todos somos capazes de aprender, cada um em seu tempo e dentro de suas limitações, todo cérebro é capaz, em maior ou menor medida, de aprender.

O corpo humano, com seu intricado sistema de organização e funcionamento, é dotado de uma região singularmente vital: o cérebro. É este órgão que possibilita não apenas nosso estilo de vida, mas também as atividades mais básicas e essenciais do nosso dia-a-dia, como dormir, acordar, perceber, aprender e interagir com o mundo ao nosso redor. No entanto, a qualidade e intensidade dessa experiência de viver não são apenas fruto do acaso; são organizadas por nossas vontades e desejos, que necessitam de planejamento e ação deliberada para se concretizarem.

Entendemos assim que o nosso cérebro é uma estrutura anatomorfologicamente complexa, bem complexa! Essa estrutura tem a responsabilidade de controlar todo o funcionamento do corpo humano, inclusive a maneira como aprendemos.

E como essa estrutura complexa é formada? Como atua e processa o nosso cérebro? O que tem a ver com a possibilidade de aprender? O cérebro humano se modifica ao longo do tempo? Quais modificações são essas? Essas são algumas das perguntas que tentaremos responder nesse capítulo.

Segundo Nogueira e Ferreira (2016, p. 2-3):

> O cérebro, que utilizamos para compreendermo-nos e nos relacionarmos é a parte do sistema nervoso mais proeminente, a mais visível do encéfalo. Ele é quem reconhece um desejo, organiza ações e mobiliza estruturas neurais e corporais para realizá-las. O encéfalo corresponde ao tecido nervoso localizado dentro da caixa craniana. Em inglês o encéfalo e o cérebro são, de forma geral, chamados de "brain" (cérebro), mas a rigor o cérebro é formado por algumas partes do encéfalo, quais sejam: o córtex cerebral (arqui-, paleo- e neocortex) e o diencéfalo (tálamo e hipotálamo), entre ambos estão os núcleos da base: caudado, putamem, globo pálido, amigdala, claustrum, accumbens e núcleos septais.

O córtex cerebral não apresenta suas superfícies corticais uniformes, visto que possuem saliências e depressões chamadas de: giros e sulcos, respectivamente. Ele é constituído por telecénfalo, diencéfalo, cerebelo e tronco cerebral.

Demonstramos, de forma resumida, uma composição do cérebro, no entanto, voltaremo-nos agora para a estrutura complexa do cérebro, em especial os neurônios e neuroglias, também conhecidas por células da glia, ele é capaz, por meio das sinapses, de criar redes neurais nas quais se cristalizam os conhecimentos que adquirimos durante toda nossa vida. As sinapses, por sua vez, são as ligações comunicacionais entre um neurônio e outro ou entre um neurônio e uma outra célula, e são as causadoras das transformações que podem ser maximizadas e treinadas.

E de fato o que são neurônios?

Para que possamos abrir um livro, escrever em um caderno, desenvolver uma atividade em grupo na sala de aula, por exemplo, torna-se necessário que nossa coordenação de psicomotricidade estejam ativadas, organizando-se em comandos necessários para a viabilização desse tipo de atividade.

Segundo Feldman (2015, p.51): "Para que os músculos produzam os movimentos complexos que constituem qualquer atividade física significativa, o cérebro deve enviar-lhes as mensagens corretas e coordenar essas mensagens".

Essas atividades significativas assim como o ato de refletir, lembrar e emocionar-se são coordenados por mensagens transmitidas por células especializadas denominadas de neurônios. Compreendemos assim, que os neurônios são células nervosas fundamentais para controle, equilíbrio e desenvolvimento corporal, comportamental e cognitivo do ser humano.

Essas células nervosas estão presentes na composição e são elementos básicos do sistema nervoso que constitui o cérebro humano e que, por sua vez, é a rota para as instruções que possibilitam a execução precisa das atividades por nosso corpo. Esse sistema divide-se em: Central e periférico.

Segundo Piccinato (2020), o Sistema Nervoso Central - SNC é responsável por processar informações e gerar comportamentos, enquanto o Sistema Nervoso Periférico - SNP é capaz de detectar os estímulos e conduzirem essas informações ao nosso corpo. O Sistema Nervoso Central é constituído pelo cérebro e pela medula espinal que é o principal meio de transmissão de mensagens entre o cérebro e o resto do nosso corpo, mas não se limita a ser um canal de comunicação pois também é responsável por comportamentos reflexos sem auxílio do cérebro, como respostas involuntárias, automáticas a um estímulo recebido, por exemplo, o movimento involuntário da perna (indo para frente) quando o joelho é estimulado por uma leve pancada (reflexo patelar).

Já o sistema nervoso periférico é constituído por longos axônios e dendritos. Nele encontramos, com exceção da medula espinal e cérebro, todas as demais partes do sistema nervoso, sendo responsável pelo controle dos movimentos voluntários e pela comunicação de informações aos órgãos dos sentidos e também responsável pelo funcionamento involuntário (sem intervenção da consciência) de algumas partes do nosso corpo, conforme podemos ver na figura a seguir.

Figura 1: Composição do sistema nervoso

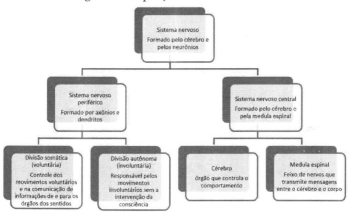

Fonte: Adaptado de Feldman (2015, p. 61)

Assim, quando dizemos todo cérebro aprende, estamos ressaltando a eficiência desse sistema e fazendo referências à capacidade que o cérebro tem de se adaptar, como também a sua característica muito singular de se reorganizar, se modificar, se transformar, ou seja, estamos falando da neuroplasticidade em cena.

Segundo Relvas (2012, p. 118):

> O conceito de plasticidade cerebral pode ser aplicado à educação, considerando a tendência do sistema nervoso em ajustar-se diante das influências ambientais durante o desenvolvimento infantil, ou na fase adulta, restabelecendo e restaurando funções desorganizadas por condições patológicas. Em síntese, é preciso ressaltar os vínculos dos fenômenos plásticos cerebrais com o desenvolvimento do sistema nervoso na sua compreensão histórica-educativa, observando-se a capacidade

de resposta compensatória diante não apenas das lesões patológicas mas também das influências externas, concluindo-se que a plasticidade cerebral pode ser encarada sob vários ângulos, seja mediante abordagem experimental (que é a mais comum), seja na perspectiva mais concreta da existência e expressão funcional do sistema nervoso, como, por exemplo, motricidade, percepção e linguagem.

Entendemos assim, que o nosso processo de aprendizagem se dá, em grande medida, pela neuroplasticidade, sendo através desta possível inferir que todo ser humano dotado de um cérebro é capaz de aprender, e dentro dessa perspectiva, devemos considerar limitações, capacidades cognitivas prévias, ambientes sociais, estímulos, composição biológica, interações sociais e individuais, linguagem, métodos de ensino, entre outros.

Para Bridi Filho, Bridi e Rotta (2018), a aprendizagem acontece por meio das modificações sinápticas das redes neurais, ou seja, é uma reestruturação irreversível e acumulável, isso faz com que seja imprescindível a memória, já que o aprendizado no futuro depende diretamente do que se acumulou até o momento em que se depara com algo novo para se conhecer.

O cérebro busca na memória qualquer coisa análoga ao que é novo para que se possa criar algum ponto de partida para o aprendizado da nova informação que se apresenta. Ora, se aprendemos pela memória, se nosso cérebro seleciona o que deve ser armazenado, então, podemos inferir que a repetição é um caminho elucidativo para que determinado conhecimento

TODOS SOMOS CAPAZES DE APRENDER: O cérebro mostra   33

seja percebido como importante e deva ser memorizado, aprendido e cristalizado enquanto rede neural.

Por isso, ler, reler, revisar, uma, duas, dez vezes (se preciso for) irá mostrar ao seu cérebro que aquilo é importante e, portanto, precisa ser arquivado para depois ser acessado de forma fidedigna. Não estamos com isso, falando em repetição guiada para "decoreba", repetições automáticas, sem sentido, estamos falando de técnicas que envolvam outros fatores: diversificação, emoção, motivação que façam sentido e estejam relacionados a outros aprendizados anteriores.

É importante observar que a aprendizagem muda de pessoa para pessoa e que se faz importante ponderar eixos como: atenção, concentração, prática, contexto, recompensa e desafios, experiências, vivências e desafios, por exemplo. Cada eixo desse é processado de forma diferente por cada um de nós, e cada eixo transmite sua forma de aprendizagem diferentemente.

Sendo assim, quanto mais partes do cérebro forem acionadas, no momento da aprendizagem, mais fácil será o aprendizado! Esses são alguns vieses de como nosso cérebro aprende, mas ainda trataremos de outros até o final do capítulo.

Sempre que falamos sobre a neuroplasticidade estamos remetendo-nos à compreensão de que neuroplasticidade ou plasticidade neural é a capacidade do cérebro de se modificar em decorrência dos padrões de experiência. Para Dennis (2000), a neuroplasticidade pode ser concebida e avaliada a partir de uma perspectiva estrutural (sináptica) ou funcional (modificação do comportamento).

A plasticidade neuronal ou sináptica é o conjunto de processos fisiológicos, em nível celular e/ou molecular, ou seja, é a capacidade das células nervosas de modificar suas respostas a determinados estímulos como função da experiência. De acordo com Izquierdo (2015), a plasticidade se manifesta através da aprendizagem ou formação de memórias e nas memórias mais complexas, as alterações morfológicas das sinapses envolvidas mudam de forma mais significativa.

Quanto à perspectiva funcional, Pereira (2017) afirma que não só o ambiente irá modificarmo-nos, mas ele será igualmente moldado com nossas novas ações, e que, de acordo com que o cérebro e suas conexões vão ficando mais complexas, menos o indivíduo se comporta de forma única e mecanizada, menos ele permite imposições rígidas e fragmentadas.

Nesse caso, ocorre exatamente o oposto, ele inova nas respostas, executa tentativa e erro, usa eventualidades aleatórias para novas composições e associações. Por isso, podemos dizer que o fenômeno da neuroplasticidade e da aprendizagem explica muito sobre nossos comportamentos e nosso potencial de adaptação.

Segundo Abramov (2011, p.25): "A aprendizagem depende da neuroplasticidade e pode ser entendida como um processo pelo qual o sistema nervoso reestrutura funcionalmente suas vias de funcionamento e representação da informação", significando dizer que a neuroplasticidade e a aprendizagem caminham juntas na modificação do cérebro e suas conexões, possibilitando assim, o desenvolvimento cognitivo do indivíduo.

Como seria realmente isso tudo em nossa aprendizagem? Como aprender em um ambiente escolar?

Pensando nisso, a aprendizagem em ambiente escolar merece um olhar mais analítico tanto nos espaços onde se encontra como nos promotores e mediadores dessa aprendizagem que participam desse processo, seja de forma direta ou indireta.

Ao refletirmos sobre a escola enquanto estrutura educacional, instituição que educa os sujeitos a partir de diversos conhecimentos que precisam ser veiculados cotidianamente e que necessitam ser aprendidos e utilizados socialmente, entendemos que compreender sobre a neuroplasticidade envolve cada vez a compreensão do sujeito e dos mecanismos e das ferramentas que a escola utiliza para ensinar de forma crítica e criativa os conteúdos necessários para a formação do nosso alunado.

A compreensão do sujeito que citamos aqui diz respeito ao fato de que, nós, seres humanos, somos formados por diversos aspectos que vão desde a estrutura física composta pelo cérebro, como as aprendizagens que conquistamos ao longo da vida e que vão interferindo em uma nova composição cerebral diferente.

Segundo Santos (2002, p. 16):

> As funções básicas do sistema nervoso são a motricidade e a sensibilidade que, associadas, vão determinar a missão essencial do sistema nervoso, que é adaptar o ser vivo ao meio ambiente. Todo o sistema nervoso é um mecanismo sensitivo-motor. A sensibilidade é a função pela qual o organismo recebe informações indispensáveis à conservação do indivíduo e da espécie. O músculo é o órgão

motor responsável para que seja realizado qualquer tipo de movimento, formando assim, uma íntima relação entre sistema muscular e funções motoras

Dessa forma, nosso organismo vai se adaptando ao meio ambiente e com ele reorganizando novas formas de pensar, de agir e de transformar em função do seu bem-estar, de viver harmonicamente com a natureza e com o que foi construído por ele, sendo eternamente dinâmica essa relação homem-natureza-homem.

O que ainda devemos entender sobre neuroplasticidade? Neuroplasticidade e aprendizagem se processam como magia?

Inicialmente, esclarecemos que o termo magia é utilizado aqui pelo fato de que como pesquisadoras do tema literatura tornamo-nos encantadas com o processo de aprendizagem e, fato é considerarmos mágico ter vivências com aprendentes que no processo inicial não detinham certos conhecimentos, bases e que após determinado tempo, métodos e experiências ampliam e aprofundam o seu saber.

Dentre muitas riquezas e descobertas que a neurociência traz pra gente ao explicar sobre a aprendizagem e a neuroplasticidade está a afirmação de que o processo de plasticidade cerebral acontece envolvendo a "via da recompensa". Além disso, o processo de neuroplasticidade durante o aprendizado também envolve as emoções e suas sensações. Na verdade, estas são as responsáveis pelos **estímulos bioquímicos** que fortalecem nossos caminhos neuronais.

Dessa forma, podemos inferir que elementos como: repetição, complexidade, prática, vivência, experiência, prazer e recompensa, são indispensáveis ao processo de aprendizagem do sujeito. Por isso, as atividades de treinamento da percepção, foco, memorização, mapas mentais e tantas outras ferramentas, podem nos tornar mais propensos à uma aprendizagem significativa, quiçá mais inteligente. E quem sabe um dia não tenhamos um sistema educacional que se integre mais facilmente com a adaptabilidade do cérebro aprender.

Enquanto isso não acontece, vamos contribuindo com nossos aprendentes da melhor forma possível, sempre prezando pelo seu desenvolvimento, sem jamais esquecer o encantamento do processo. Que nossas crianças possam ser Peter Pan e voem alto na criatividade, desbravando novos saberes! Que Capitão Gancho se enganche e não atrapalhe o saber! E ainda, que as Fadas do conhecimento encham-nos de pirlimpimpim para que nosso cérebro, Abracadabra, esteja aberto para as aprendizagens que o mundo pode proporcionar a cada um de nós!

É fato que muitas crianças, muitos adolescentes apresentam ou apresentaram alguma dificuldade durante o seu processo de aprendizagem, seja na leitura, escrita, interpretação ou na matemática com seu raciocínio lógico ou ainda na realização de outras tarefas, como: contornar, sequenciar, desenhar, encaixar...

Tais situações podem ser apenas uma dificuldade que o aprendente tem naquele momento, mas também pode ser um Transtorno de Aprendizagem, ou seja, o cérebro, por algum motivo, não recebe, não processa, não analisa ou armazena as informações adequadamente. Para entender tudo isso primeiro precisamos saber diferenciar "Dificuldade de Aprendizagem" dos "Transtornos de Aprendizagem". Vejamos logo a seguir sobre esses conceitos.

Primeiro vamos entender que a DA - Dificuldade de Aprendizagem é uma condição passageira que ocorre em um determinado momento da vida da criança por algum motivo externo que dificulta seu processo de aprendizagem, ou seja, é uma espécie de desordem mental que atrapalha o ritmo com que o aprendente se desenvolve, entendendo que os fatores externos responsáveis por essa situação, podem ser de questões emocionais, problemas familiares, alimentação inadequada, ambiente desfavorável, metodologia de ensino, espaço escolar e/ou problemas pessoais.

Já o TA - Transtorno de Aprendizagem pode ser compreendido como uma condição neurológica que afeta a aprendizagem e o processamento das informações e difere da DA - Dificuldade de Aprendizagem, principalmente, por ser uma condição permanente.

De acordo com o DSM-5 - Manual de Diagnóstico e Estatística dos Transtornos Mentais, os TA são "transtornos que causam discrepâncias entre o potencial e os níveis reais de desempenho acadêmico, assim como as previsões das habilidades intelectuais da pessoa" e são considerados transtornos específicos de aprendizagem porque afetam habilidades específicas. Com isso queremos dizer que a criança ou adolescente aprende todo o resto, mas apresenta uma dificuldade em uma questão pontual.

Podemos abordar que os TA são considerados um tipo de transtorno neurodesenvolvimental, quer dizer que são distúrbios do neurodesenvolvimento, são condições neurológicas que surgem ainda na infância, geralmente antes da idade escolar e prejudicam o desenvolvimento do funcionamento pessoal, social e acadêmico normalmente envolvendo dificuldades de aquisição, manutenção ou aplicação de habilidades. Esses transtornos podem envolver distúrbios de atenção, memória, percepção, linguagem, solução de problemas ou interação social e podem ser classificados como leves, moderados ou graves (DSM-5).

Segundo pesquisa realizada pelo Fundo das Nações Unidas para a Infância (Unicef), o número de crianças que não sabem ler ou escrever duplicou no ano de 2022 em relação ao ano de 2019, ou seja, crianças com 7 anos que não sabem ler, em nosso país, chegou a um percentual de 40%, o que para nós se torna algo preocupante e que requer busca de diagnósticos e soluções, tendo em vista que a educação é um direito de todas as pessoas, e ver negado esse direito de alguma forma inquieta-nos, fazendo com que possamos cobrar a promoção de políticas públicas de interesse dessa população não assistida. Como estamos tratando aqui de transtornos de aprendizagem, interessa-nos saber se é possível ter dados que comprovem que esses transtornos são ou não responsáveis por essa falta de aprendizagem, mas essa história deve ser contada em outro livro.

Drouet (2020), ao conceituar dificuldades e distúrbios de aprendizagem refere-se aos obstáculos que atrapalham as habilidades dos alunos que estão em processo de escolarização, principalmente, passando a atrapalhar também a vida social, afetiva, cultural desses alunos. Diante disso, é possível considerar a inexistência de métodos, ferramentas, instrumentos apropriados para auxiliar nessa transposição dos obstáculos e por causa disso a aprendizagem não se efetiva.

Os transtornos de aprendizagem – TA são classificados, por exemplo: dislexia; discalculia; disgrafia; disortografia; transtorno de aprendizagem não verbal; transtorno do processamento auditivo central; TDAH.

Para ajudar um aprendente que tenha algum TA é de extrema importância termos o diagnóstico, quanto mais esse diagnóstico demorar a acontecer ou não ocorrer, mais a criança pode ser prejudicada, por isso é muito importante que os sintomas sejam reconhecidos pelos pais, profissionais da saúde e da educação para que seja detectado o TA e seus cuidados ocorram o quanto antes. Afinal, os aprendentes que apresentam algum transtorno acabam desenvolvendo baixa autoestima, desinteresse escolar e até depressão, dentre outras condições.

E é com esse olhar, que desenvolvemos esse capítulo e o capítulo a seguir, como sendo uma neuroconversa direcionada especificamente aos TA – Transtornos de Aprendizagem intitulada de: Quinteto DisTD – Aprendizagem Prejudicada. Dessa forma, no próximo capítulo, proporcionaremos uma reflexão sobre a diferença entre transtorno e dificuldade de aprendizagem, seguindo nesta ordem:

- Dislexia
- Discalculia
- Disgrafia
- Disortografia
- TDAH

TODOS SOMOS CAPAZES DE APRENDER: O cérebro mostra 41

REFERÊNCIAS

ABRAMOV, D.M; MOURÃO-JÚNIOR, C. A. *Fisiologia essencial.* Rio de Janeiro: Guanabara Koogan, 2011.

BRIDI FILHO, César A.; BRIDI, Fabiane R. de S.; ROTTA (orgs.). *Plasticidade Cerebral e Aprendizagem: Abordagem multidisciplinar.* Porto Alegre: Artmed. 2018.

DENNIS, M. Developmental plasticity in children: the role of biological risk, development, time, and reserve. *Journal of Communication Disorders,* 321-332, 2000.

DROUET, R. C. R. *Distúrbios da Aprendizagem.* São Paulo: Ática, 2000.

FELDMAN, Robert S. *Introdução à psicologia.* 10. ed. São Paulo: Artmed, 2015.

IZQUIERDO, I. Memórias. *Estudos Avançados,* v. 3, n. 6, p. 89-112, ago. 1989. https:// doi.org/10.1590/S0103-40141989000200006

NOGUEIRA, Maria I. e FERREIRA, Francisco R. M. Teorias, tecnologia e seu uso na compreensão do cérebro humano. *Revista Kronos,* São Paulo, v. 2, n. 2., 2016.

PEREIRA, L. B. *A Dança dos Neurônios: Ensaio para uma educação complexa.* 2017. 80 f. Dissertação (Mestrado em Educação) – Universidade Federal do Rio Grande do Norte, Natal, 2017.

PICCINATO, Ricardo. *Para aprender a neurociência: Conceitos fundamentais para compreender o funcionamento do cérebro e seus distúrbios.* Bauru, SP: Editora Alto Astral, Coleção mente em foco, 2020.

RELVAS, Marta P. *Neurociência na prática pedagógica.* Rio de Janeiro: Wak editora, 2012.

SANTOS, Rocilene O. *Estrutura e Funções do Córtex Cerebral.* Monografia. (Ciências Biológicas) - Faculdade de Ciências da Saúde do Centro Universitário de Brasília, Universidade de Brasília, Brasília, p. 34, 2002.

Capítulo 2

QUINTETO DisTD – APRENDIZAGEM PREJUDICADA

Nesse pensar e dando sequência à nossa discussão/neu-roconversa vamos parar um pouquinho e refletir sobre esse Transtorno Específico de Aprendizagem que é a dislexia. E para iniciar perguntamos: você realmente sabe o que é a dislexia? Como se desenvolve, os tratamentos e sintomas mais comuns?

Segundo a IDA - International Dyslexia Association (Associação Internacional de Dislexia) a Dislexia é um Transtorno do Neurodesenvolvimento, de base genética e hereditária (50% dos disléxicos têm outros casos na família) e afeta em média 10% a 15% da população mundial, sendo portanto, um comprometimento acentuado no desenvolvimento nas habilidades de reconhecimento das palavras e da compreensão da leitura (ASSOCIAÇÃO BRASILEIRA DE PSIQUIATRIA, 2015).

Esse transtorno do neurodesenvolvimento é específico da aprendizagem, de origem neurobiológica e traz alterações funcionais que comprometem as habilidades de aprender a ler ou escrever de forma correta, afetando também a compreensão de texto. Dessa forma, podemos afirmar que é um transtorno que dificulta o desenvolvimento da leitura e da escrita, podendo ser leve, moderado ou grave.

Normalmente, esse transtorno é diagnosticado na infância durante o período de alfabetização, porém também pode vir a ser diagnosticado em adultos, o que se classifica como um diagnóstico tardio, dificultando ações em torno da sua superação.

Mesmo sendo um transtorno de maior incidência nas salas de aula, um estudo realizado pela fonoaudióloga Camila Andrioli Lacerda, quando era aluna da Santa Casa, indica que cerca de 70% dos profissionais das áreas de saúde e educação têm pouco conhecimento sobre o assunto, o que pode ser ocasionado por diversos motivos, dentre eles a formação desses profissionais seja inicial ou continuada, e ainda a carga horária muitas vezes exaustiva. Entendendo essa incidência constante do transtorno em sala de aula, é necessário que os profissionais, assim como a família, tenham conhecimento e estejam sempre atentos ao desenvolvimento cognitivo da criança.

Alguns sinais como lentidão na aprendizagem, dificuldade de concentração, palavras escritas de forma estranha, dificuldade de soletrar, troca de letras com sons ou grafias parecidas podem indicar uma Dislexia.

Ainda sobre os sintomas podemos ressaltar que muito embora sejam parecidos, em cada fase do desenvolvimento, é possível identificar vários aspectos que podem indicar a existência desse transtorno. Para uma melhor compreensão vejamos alguns desses sintomas e a faixa etária correspondente, conforme classificação a seguir com aporte teórico nos dados de pesquisa da International Dyslexia Association (IDA):

Crianças (até 07 anos)
Dispersão
Falta de atenção
Atraso no desenvolvimento da fala e linguagem
Dificuldade em aprender rimas e canções
Atraso na coordenação motora

Crianças durante a fase escolar (depois dos 7 anos)
Dificuldade de leitura e escrita
Desatenção
Dificuldade em copiar de livros e quadros durante as aulas
Desorganização
Dificuldade em ler em voz alta
Baixa estima

Adulto
Longo tempo para ler um texto ou livro
Pular os finais das palavras durante a leitura
Dificuldades em:
- pensar o que escrever
- fazer anotações
- seguir orientações
- no cálculo mental
- na compreensão de texto
- na organização de tempo e atividades
Necessidade de reler o mesmo texto repetidas vezes
Confundir números de telefone

Para o diagnóstico, é recomendado considerar o trabalho investigativo de uma equipe multidisciplinar, constituída por:

neuropsicólogos, fonoaudiólogos, neuropsicopedagogos, neurologistas e neuropediatras. Também é possível fazer alguns exames complementares como: Audiometria, Processamento Auditivo Central e Processamento Visual, indicados pelo devido especialista.

O mais importante é saber que quanto mais cedo diagnosticado esse transtorno, mais eficiente será o tratamento, acompanhamento e intervenções, facilitando assim o desenvolvimento do aprendente a partir de suas limitações. Mesmo que saibamos que a Dislexia não tem cura podemos afirmar que é possível a criança, o jovem ou o adulto terem uma vida completamente normal se diagnosticada corretamente e for acompanhada devidamente, principalmente na instituição escolar que é responsável pelo processo de ensino e aprendizagem.

Assim, é de extrema importância o diagnóstico precoce, pois através dele será possível minimizar as defasagens de aprendizagem e os problemas emocionais que a dificuldade de ler e escrever causam nos disléxicos, visto que esse aprendizado é a base de outros aprendizados escolares e sociais.

Nesse ínterim, a International Dyslexia Association - IDA (2018) evidencia algumas estratégias para ajudar no aprendizado e na inclusão do aluno disléxico, como por exemplo: Dar tempo extra para completar as tarefas; oferecer ao aluno ajuda para fazer suas anotações; modificar trabalhos e pesquisas, segundo a necessidade do aluno; esclarecer ou simplificar instruções escritas, sublinhando ou destacando os aspectos importantes para o aluno; reduzir a quantidade de texto a ser lido; bloquear estímulos externos, caso o aluno se distraia com facilidade; proporcionar atividades práticas adicionais; fornecer glossários dos conteúdos e guia para auxiliar o aluno a compreender a leitura; repetir orientações e recomendações; diversificar os modos de avaliação; estimular o uso de agendas, calendários e organizadores; graduar os conteúdos a serem abordados, em um nível crescente de dificuldade.

É perfeitamente normal o disléxico aprender, afinal a Dislexia está associada a habilidades únicas e não é um reflexo de inteligência ou da capacidade de aprender. Muitos aprendentes, com tal transtorno de aprendizagem, são altamente inteligentes e com habilidades em outras áreas, como arte, dança, música, esportes, ciências, dentre outras, o que demonstra a possiblidade ampla de aprendizagem desses sujeitos.

Por isso, podemos dizer que existem estratégias e recursos disponíveis que podem ajudar na superação das dificuldades causadas pela dislexia, uma vez que o disléxico aprende de maneira diferente dos demais e isso não deve ser um problema, mas sim uma oportunidade para descobrirmos métodos de aprendizagem que funcionem melhor nesse contexto de ensino e cenário educativo de desafio que nos faz ampliar nosso processo de ensino e aprendizagem.

Dessa forma, devemos implementar na rotina do aprendente disléxico atividades que estimulem a leitura, a escrita e o aprendizado como por exemplo jogos: de caça-palavras, de palavras cruzadas, e atividades de memorização e de desenvolvimento do vocabulário. Além dessas atividades, o contato com a arte de diversas formas é fundamental, como escutar música para estimular o sistema auditivo e fixar as palavras, utilizar a pintura, a poesia com jogo de rima para acostumar-se com os sons, letras e palavras. Todas essas atividades desafiadoras contribuirão para o avanço e para o desenvolvimento das pessoas com dislexia.

Agora, trazemos um exemplo, via um diálogo entre professor e aluno, para que possamos entender melhor outro tipo de transtorno:

O professor pergunta:
– Pedro quanto é 3 + 8?
O aluno responde:
– Não sei professora.
Novamente, o professor indaga:
– E 3 x 8, quanto é?
O aluno fala:
– Também não sei professora! Eu não entendo esses números, eles não se misturam, não sei por que estão em todo canto, não entendo isso! É nesse viés que se encontra uma pessoa com discalculia, mas precisamos entender que nem tudo é discalculia.

Só para começarmos a entender é necessário saber que pesquisa como o PISA (2022) mostrou que o Brasil continua abaixo da média dos países da Organização para a Cooperação e Desenvolvimento Econômico - OCDE nas três áreas avaliadas: matemática, leitura e ciências. A matemática foi a disciplina que registrou a maior queda com 471 pontos, em que foi registrado que de 10 alunos, um total de 7 alunos não conseguiram efetuar o mínimo de operações básicas de matemática, e esses dados incluem também alunos de classe alta. Esses dados dizem respeito aos alunos com 15 anos de idade.

Nesse contexto podemos reforçar a percepção de que não é toda dificuldade em matemática que pode se caracterizar como uma Discalculia. Esse transtorno é um distúrbio neurológico no qual o aprendente tem dificuldades de avaliar, pensar, refletir ou raciocinar qualquer atividade ligada a operações matemáticas.

Segundo Bastos (2016, p. 2): "Cerca de 3% a 6% das crianças em idade escolar tem discalculia do desenvolvimento, mas muitas vezes a disfunção passa despercebida em decorrência da normalidade da dificuldade na área", e apesar de especialistas ainda não conseguirem determinar as causas desse transtorno estudos revelam também forte influência genética. Assim, apesar de ser uma desordem neurológica que compromete a aprendizagem, podemos afirmar que também prejudica outros aspectos na vida do aprendente como a autoestima, por exemplo.

É pertinente ressaltar que identificar a Discalculia é difícil, pois os sintomas podem variar bastante e acabam muitas vezes sendo confundidos com outros distúrbios neurológicos. Por isso, de forma geral a investigação e identificação é feita por meio da observação de dificuldades de aprendizado, tais como:

Dificuldades para aprender a contar;
Problemas para resolver e executar cálculos;
Não compreender medidas;
Não diferenciar símbolos matemáticos;
Não memorizar os passos necessários para a solução de uma operação matemática;
Não desenvolver um raciocínio lógico.

Assim, podemos dizer que a Discalculia é caracterizada pela dificuldade apresentada por uma pessoa na realização de atividades aritméticas básicas, tais como: quantificação, numeração ou cálculo aritmético.

De acordo com Bernardi (2014), Discalculia não é uma doença, nem necessariamente uma condição crônica. É um transtorno de aprendizagem específico da Matemática, caracterizado pela dificuldade no processo de aprendizagem do cálculo e que pode ser observado, em pessoas com inteligência normal, sem justificativas por deficiências sensoriais ou falta de acesso ao ensino adequado, mas que cometem erros diversos na solução de problemas verbais, nas habilidades de contagem, nas habilidades computacionais e na compreensão dos números. É importante saber que a Discalculia pode ocorrer em comorbidade com outros transtornos, principalmente o transtorno de Défict de Atenção/Hiperatividade(TDAH) e a Dislexia.

É fato que diversas habilidades podem ser prejudicadas pelo transtorno, como: *habilidades linguísticas* (compreensão e nomeação de termos, operações ou conceitos matemáticos); *perceptuais* (reconhecimento de símbolos numéricos ou aritméticos, ou agrupamento de objetos em conjuntos); de *atenção* (copiar números ou cifras, observar sinais de operação); e *matemáticos* (dar sequência a etapas matemáticas, contar objetos e aprender tabuadas de multiplicação). (Bernardi, 2014).

Os pesquisadores Johnson e Myklebust (1983) baseiam os estudos acerca da Discalculia em seis classificações, sendo:

QUINTETO DisTD – APRENDIZAGEM PREJUDICADA   51

- Discalculia Verbal: nomear as quantidades matemáticas, os números, os termos, os símbolos e as relações;

- Discalculia Practognóstica: tornar práticos conceitos matemáticos teóricos, por exemplo, trabalhar equações;

- Discalculia Léxica: na leitura de símbolos matemáticos

- Discalculia Gráfica: na escrita de símbolos matemáticos;

- Discalculia Ideognóstica: fazer operações mentais e na compreensão de conceitos matemáticos;

- Discalculia Operacional: na execução de operações e cálculos numéricos.

Para Bernardi (2014), elencamos algumas dificuldades que a criança com Discalculia pode apresentar, vejamos:

- Visualizar conjuntos de objetos dentro de um conjunto maior;

- Conservar a quantidade, o que impede de compreender que um quilo é igual a quatro pacotes de 250 gramas;

- Perceber a significação dos sinais de adição (+) e subtração (-), de multiplicação (x) e divisão (÷) e de igualdade (=);

- Sequenciar números (não identifica sucessor e antecessor);

- Classificar números;

- Montar operações;

- Entender os princípios de medida,

- Lembrar a sequência dos passos para realizar as operações matemáticas;

- Aprender sistemas cardinais e ordinais;

- Contar em ordem decrescente;

- Estabelecer correspondência um a um, por exemplo, não relaciona o número de alunos de uma sala à quantidade de carteiras;

- Problemas para diferenciar o esquerdo e o direito;

- Saber a hora em relógio analógico;

- Falta de senso de direção (norte, sul, leste e oeste).

Se bem observado os sintomas de dificuldade na matemática podem ser percebidos, muitas vezes, ainda na Educação Infantil, quando uma criança não consegue distinguir, por exemplo, qual o antecessor ou sucessor de um determinado número. Entretanto, raramente a Discalculia é diagnosticada antes do final do terceiro ano dos anos iniciais do ensino fundamental, isso devido a necessidade de observação, avaliação e análise. Porém, podemos destacar alguns processos cognitivos envolvidos na Discalculia que condicionam para um olhar mais acertivo:

- Dificuldade na memória de trabalho e em tarefas não verbais;

- Dificuldade na soletração de não palavras;

- Dificuldade na memória de trabalho que implica contagem,

QUINTETO DisTD – APRENDIZAGEM PREJUDICADA

- Dificuldade nas habilidades visuoespaciais;

- Dificuldade nas habilidades psicomotoras e perceptivo-táteis.

Outro ponto a ser considerado é a ciência de que o diagnóstico deve ser efetuado por uma equipe multidisciplinar - docentes especializados, médicos, psicólogos, neuropsicopedagogos e fonoaudiólogos - para um encaminhamento correto, de modo a evitar o insucesso escolar do aluno. Sempre considerando que a participação da família é fundamental no reconhecimento dos sinais de dificuldades.

Cabe ressaltar que o discalcúlico pode frequentar normalmente a escola e tem condições de desenvolvimento, para isso é necessário o uso de recursos didáticos para incluí-lo nas atividades. O professor para auxiliar o discalcúlico pode permitir que ele use a calculadora e a tabuada, utilizar folhas quadriculadas, elaborar provas claras e com tempo maior para a realização, incentivar a visualização dos problemas com desenhos, dentre outros recursos e metodologias.

Falar sobre o desenvolvimento de uma criança é sempre desafiante, até mesmo pela riqueza, encantamento e emoção que esse processo em todas as suas etapas causa na família, amigos e todos que estão no círculo de convivência da criança.

A emoção da família vendo os primeiros passos, as primeiras palavras, o engatinhar, andar, tudo é digno de sorrisos, palminhas e alegria. Todo esse contexto acompanha a criança e sua família durante a primeiríssima infância e nos anos a seguir vivenciamos novos avanços, conquistas, maiores desafios até chegar a fase adulta e continuar evoluindo, se transformando e aprendendo sempre!

Durante esse processo inicial de desenvolvimento todos ficam atentos quanto a aprendizagem da criança, olhares, cuidado, observação se existe algum impedimento fazendo o filho não vencer as etapas. E, se algo se torna perceptível, entramos nas preocupações, mais atenção, busca de compreensão e desejo de ajudar arduamente, uma verdadeira luta, acima de tudo, emocional.

Quando entram na escola, os primeiros anos da criança são cheios de dúvidas e cresce a preocupação quanto ao desempenho do filho, se está atendendo às expectativas, se entende o conteúdo, se lê, se escreve, muitos "se" em cada cabeça, ainda assim, problemas só aparecerão quando as respostas para essas perguntas forem negativas.

Daí entramos no cenário das investigações, o que pode estar acontecendo, passando então a ler sobre transtornos, sobre deficiências, desvios e no meio de todas as investigações, quase nunca pesquisamos sobre a DISGRAFIA! Esse transtorno de aprendizagem quase nunca causa preocupação nos pais, muitas vezes passa imperceptível aos olhos da família e, às vezes, até da escola.

Vamos saber um pouco mais sobre o que é disgrafia, suas causas e tratamento?

O que é Disgrafia?

É um transtorno de escrita que ocorre quando a criança tem dificuldade para se expressar por meio da escrita,

QUINTETO DisTD – APRENDIZAGEM PREJUDICADA

caracterizado pela desordem que causa em alguma fase cognitiva da pessoa.

O aprendente fala e ler corretamente, mas ao se expressar por escrito o resultado é insuficiente, o esforço resulta em desastre e assim seu processo de aprendizagem é prejudicando. A Disgrafia evidencia-se de várias maneiras: na caligrafia, na ortografia, na coerência ou na dificuldade de transpor pensamentos e ideias para o papel.

De forma generalizada, podemos dizer que um aprendente com esse transtorno vai demorar bastante para finalizar um texto e as tarefas escolar, também pode separar as sílabas incorretamente, escrever palavras de forma incompleta, invertida ou confusa, trocar letras com sons semelhantes, inclinar em excesso a folha.

Outra característica desse transtorno é a dificuldade em usar o espaço disponível para escrever e apresentar uma escrita com aparência de negligência e desorganização, além de uma letra pouco nítida.

Quais as causas da Disgrafia?

Esse transtorno está ligado às habilidades psicomotoras infantis, ao fato dessas não funcionarem adequadamente, sendo estas:

- **Motricidade fina**: capacidade de realizar os movimentos com pequenos músculos, ou seja, desenhar, recortar, colar, escrever.

- **Esquema corporal**: habilidade da criança de saber quais são as partes do seu corpo, identificando, por exemplo, seus nomes e suas funções.

- **Percepção espacial**: capacidade de compreender as dimensões dos espaços e das coisas em seu entorno e a interação do seu corpo com esses espaços. Dificuldade, por exemplo, em entender o comando das direções (acima, abaixo, em frente) e também as distâncias (longe e perto).

Dessa forma, podemos ressaltar que entre as causas mais comuns desse distúrbio, temos: as causas **maturativas** (ligadas as alterações na eficiência da motricidade, do equilíbrio e da lateralidade); as **caracteriais** (evidenciadas na personalidade, por meio dos fatores de ordem psíquica e socioemocional) e as **pedagógicas** (relacionadas a formas, instrumentos e velocidade inadequada no ensino da criança).

É necessário sabermos que uma criança com Disgrafia tem determinados movimentos funcionais da mão, essenciais para uma escrita de sucesso, impróprios. Por exemplo, os movimentos referentes a pressão para segurar um objeto, a força exercida para segurá-lo e até o funcionamento adequado da mão e do braço ao executar alguma ação com eles.

Apesar da Disgrafia ser confundida com a dislexia, é importante entender que se trata de distúrbios distintos, com causas, sintomas e formas de tratamento diferenciadas.

Quais os tipos de Disgrafia?

- Maturativa: dificuldades apresentadas no período de aprendizagem da escrita;

QUINTETO DisTD – APRENDIZAGEM PREJUDICADA 57

- Adquirida: consequência de um ensino inadequado ou de uma lesão cerebral;

- Perceptiva: problemas em relacionar o símbolo, letras e palavras, e o significado;

- Motora: dificuldade na chamada coordenação motora fina;

- Espacial: problemas no desenho das palavras, isto é, na forma de escrevê-las.

Como tratar a Disgrafia?

Normalmente o diagnóstico da Disgrafia acontece previamente na escola, quando se percebe as dificuldades na aquisição da escrita. A partir dessa identificação ou da orientação da escola, a família deve procurar profissionais especializados, tais como neuropsicopedagogos, neuropediatras, terapeutas ocupacionais.

Em alguns casos, a terapia ocupacional pode ajudar bastante no que diz respeito ao tratamento das habilidades motoras e no fortalecimento do tônus muscular. Além dos acompanhamentos especializados, os docentes e a família são essenciais na superação do problema. Afinal, o uso de estratégias para trabalhar o desenvolvimento psicomotor e o grafismo apresentam ótimos resultados.

Desenvolver atividades e exercícios grafomotores, como labirinto e pontilhado; atividades pictográficos como desenho, pintura e modelagem; exercícios constantes de caligrafia; atividades que estimulem a adequação da postura bem como da posição das mãos e do papel, o uso de pincel e a verbalização das formas das letras.

Lembramos que, quanto antes a Disgrafia for detectada, menos ela vai impactar o desenvolvimento e o aprendizado do aluno. Por isso, é muito importante estar atento aos sinais e procurar ajuda especializada.

Sabemos que a aprendizagem é uma combinação de capacidades como atenção, memória, processamento visual, auditivo que se desenvolvem em áreas diferentes no nosso cérebro, e que muitos são os fatores que interferem e/ou contribuem para que o desenvolvimento cognitivo aconteça de forma satisfatória e garanta o avanço dos aprendentes.

De fato, o desempenho escolar depende e está correlacionado a diversas questões, como aspectos emocionais, físicos e de relações. Assim, podemos dizer que as dificuldades escolares são observadas através dos comprometimentos ambientais, como metodologias de ensino, dinâmica familiar ou ambientes pouco estimuladores e independem das questões neurobiológicas do aprendente, mas sim dos fatores externos.

Nesse contexto, o DSM-5, fala sobre os transtornos específicos da aprendizagem, as dificuldades de aprendizagem ou de outras habilidades que podem ser desenvolvidas no contexto escolar. Esses transtornos são caracterizados pela interferência direta dos aspectos intrínsecos aos indivíduos, ou seja, depende das alterações neurobiológicas, que podem estar relacionadas a hereditariedade ou disfunções neuronais.

A Disortografia é um desses transtornos específicos de aprendizagem e representa-se pelo prejuízo na escrita, sendo caracterizado por comprometimentos relacionados a ortografia, gramática e redação, muito embora o aprendente possua capacidade intelectual.

É importante sabermos que um aprendente disléxico geralmente é disortográfico, devido suas dificuldades em reconhecer as palavras, porém, um aprendente disortográfico nem sempre é disléxico, pois essa última condição associa-se as disfunções genéticas e aos fatores biológicos. Como bem nos dizem, Penteado e Padiar (2016) "a disortografia geralmente é confundida com dislexia, porém são distintas, uma vez que a criança com dislexia geralmente é disortográfica, enquanto a disortográfica nem sempre é disléxica".

Vamos saber um pouco mais sobre o que é disortografia, suas causas e tratamento?

Etimologicamente a Disortografia deriva dos conceitos "dis"(desvio) + orto (correto) + "grafia"(escrita). Esse transtorno pode ainda ser conhecido como Perturbação da Expressão Escrita, segundo o DSM-V, ou seja, é uma perturbação específica de aprendizagem, de origem neurobiológica que afeta as capacidades da expressão escrita, em particular a precisão ortográfica, a organização, estruturação e composição de textos escritos, a construção frásica é pobre e por norma curta e observa-se ainda a presença de muitos erros ortográficos.

Assim, podemos evidenciar que a disortografia é um transtorno de aprendizagem específico, caracterizado pelas dificuldades que se enfatizam na aquisição das competências da escrita e um desempenho abaixo do esperado para a sua idade e nível de escolaridade.

Segundo Ponçadilha (2016), a disortografia pode se caracterizar pela dificuldade que o indivíduo tem em fixar as formas ortográficas das palavras, tendo como característica típica a troca de grafemas e a dificuldade em assimilar as regras e os padrões da ortografia, como consequência temos a dificuldade na produção de texto, isso porque, no momento que o aprendente passa do nível silábico-alfabético para o nível alfabético, é normal que a escrita em desordem desapareça e a disortografia torna-se um empecilho nesse processo de aquisição da escrita de tal forma que o aprendente não consegue transpor essa barreira.

Esse transtorno é um déficit causado pela dificuldade em organizar ideias e a produção textual, fazendo com que o aluno disortográfico apresente problemas estruturais capazes de prejudicar a sua aprendizagem como: dificuldade de fixação das regras ortográficas, apresentando frequentemente substituição, omissão, inversão de grafemas, alteração na segmentação de palavras, persistência do apoio da oralidade na escrita e dificuldade na produção de textos.

Os erros que mais caracterizam esse transtorno podem ser classificados, de acordo com Hudson (2019) da seguinte forma:

- De caráter linguístico-perceptivo: omissões, adições e inversões de letras, de sílabas ou de palavras ou troca de símbolos linguísticos que se parecem sonoramente ("faca"/"vaca").

- De caráter visoespacial: substitui letras que se diferenciam pela sua posição no espaço ("b"/"d"); confunde-se com fonemas que apresentam dupla grafia ("ch"/"x"); omissão da letra "h", por não ter correspondência fonêmica.

QUINTETO DisTD – APRENDIZAGEM PREJUDICADA 61

- De caráter visoanalítico: não faz sínteses e/ou associações entre fonemas e grafemas, trocando letras sem qualquer sentido.

- Relativos ao conteúdo: não separa sequências gráficas pertencentes a uma dada sucessão fônica, ou seja, une palavras ("ocarro" em vez de "o carro"), junta sílabas pertencentes a duas palavras ("nodiaseguinte") ou separa palavras incorretamente.

- Erros referentes às regras de ortografia: não coloca "m" antes de "b" ou "p"; ignora as regras de pontuação; esquece de iniciar as frases com letra maiúscula; desconhece a forma correta de separação das palavras, a mudança de linha, a sua divisão silábica, a utilização do hífen.

Nesse ínterim, podemos perceber que o aprendente disortográfico irá encontrar maiores dificuldades na escrita do que na leitura, uma vez que esta já proporciona o modelo gráfico pronto, necessitando apenas de uma decodificação, enquanto a escrita exige que o modelo gráfico seja construído internamente no processador ortográfico, de forma que possa ser resgatado pela memória e reproduzido.

Diante de todo esse contexto perguntamo-nos: Como intervir e ajudar o aprendente disortográfico?

Primeiro é importante compreender que a intervenção na disortografia não deve se basear em apenas modelo ou em um modelo pronto e acabado, mas sim em várias ações interventivas que englobem a percepção auditiva, visual e espaço-temporal, a memória visual e auditiva.

Para tanto, é necessário realizar exercícios de reconhecimento das formas gráficas; identificação de erros; noção de espaço como a distinção de direita/esquerda, cima/baixo; conscientização do fonema isolado em sílaba e na soletração; análise de frases; substituição de um fonema por outro na sílaba e palavra. E, se todas as estratégias vierem com atividades dinâmicas, lúdicas e interativas, certamente o resultado será fabuloso.

Não devemos desconsiderar a necessidade das ações de intervenções realizadas por uma equipe de multiprofissionais, nas quais se associam o trabalho do fonoaudiólogo, do neuropsicopedagogo, e dos professores, sempre analisando e intervindo em duas vertentes: as ocorrências associadas à disortografia e os erros ortográficos propriamente ditos.

Em suma, é de extrema importância a participação da escola com seus professores, especialistas e da família, sempre em parceria, no sentido de contribuírem para que os alunos disortográficos sejam capazes de superar as dificuldades, tanto pelo atraso em relação aos demais aprendentes, quanto pela sua forma de aprender a lidar com a dificuldade que enfrenta.

Por último, discorreremos sobre o TDAH como o quinto transtorno de que tratamos nesse capítulo. Falar sobre o TDAH é intrigante e ao mesmo tempo preocupante, pois mesmo não havendo nenhuma controvérsia quanto a existência desse transtorno, temos um número considerável de pessoas que desacreditam, que julgam não passar de comportamentos inadequados, falta de limite, de educação, desrespeito ou até uma invenção médica ou farmacêutica para obterem lucros com o tratamento.

Essas percepções ocorrem pelas mais variadas razões, desde uma inocência ou ignorância, até uma falta de formação

QUINTETO DisTD – APRENDIZAGEM PREJUDICADA

científica ou mesmo má-fé e julgamento. Fato é que essa realidade remete-nos a um contexto desafiador e é preciso estarmos atentos, pois a desinformação, a falta de raciocínio científico e a ingenuidade constituem uma mistura perigosa e complicada. Silva (2009, p.12) afirma:

> O TDAH se caracteriza por três sintomas básicos: desatenção, impulsividade e hiperatividades física e mental. Costuma se manifestar ainda na infância e em cerca de 70% dos casos o transtorno continua na vida adulta. Ele acomete ambos os sexos, independentemente do grau de escolaridade, situação socioeconômica ou nível cultural, o que pode resultar em sérios prejuízos na qualidade de vida das pessoas que o têm, caso não sejam diagnosticadas e orientadas precocemente.

E para compreendermos vamos iniciar esclarecendo que o TDAH não é um transtorno de aprendizagem, mas sim um transtorno do neurodesenvolvimento que pode causar danos para a aprendizagem e desenvolvimento do aprendente. E é exatamente nessa nuance que trazemos esse transtorno para finalizar nosso quinteto, para desmistificar a percepção que esse transtorno é específico da aprendizagem.

O Transtorno do Déficit de Atenção com Hiperatividade – TDAH é um transtorno neurobiológico, de causas genéticas, que aparece na infância e acompanha o aprendente por toda a vida. Desatenção, inquietude, hiperatividade, impulsividade são sintomas característicos desse transtorno que pode afetar crianças e adultos. E, apesar de na maioria das vezes ser diagnosticado na infância, muitos casos são identificados apenas na vida adulta, especialmente quando falamos do Transtorno de Aprendizagem - TDA que é o transtorno sem a hiperatividade, como nos diz Silva (2019, p.19): "uma pessoa com comportamento TDA pode ou não apresentar hiperatividade física, mas jamais deixará de apresentar forte tendência à dispersão".

Para Barkley (2008), TDAH são significativos problemas apresentados por crianças quanto à atenção, normalmente com impulsividade e atividade excessiva. Porém, esse é um transtorno do neurodesenvolvimento e não um transtorno específico de aprendizagem, ainda que possa atrapalhar o desempenho acadêmico, devido à disfunção executiva, à falta de atenção e concentração e muitos outros sintomas.

A Organização Mundial da Saúde - OMS estima que 8,4% das crianças e 2,5% dos adultos têm TDAH, sendo que o transtorno costuma ser identificado quando os aprendentes já frequentam a escola e passam a apresentar inquietação em sala de aula e dificuldades na aprendizagem.

O TDAH está dividido em três subtipos:

- Desatento

- Hiperativo/ impulsivo

- Misto ou combinado

E quais as características de cada tipo?

O **Desatento**: distrai-se com facilidade; pouco tempo de concentração; dificuldade em permanecer focado em uma

QUINTETO DisTD – APRENDIZAGEM PREJUDICADA 65

atividade; parece não ouvir o que foi dito; dificuldade em acompanhar instruções longas; erram por descuido; são desorganizados; baixa memória de curto prazo; parecem estar no mundo da Lua; evitam tarefas com esforço mental prolongado; dificuldade em concluir tarefas.

Hiperativo/Impulsivo: mãos e pernas agitados e inquietos; saem com frequência do lugar onde estão sentados; por vezes, fazem palhaçadas para chamar a atenção; correm ou escalam em momentos inadequados; falam excessivamente; estão sempre em movimento e agitados; apresentam conduta desorganizada; são impacientes; dificuldade em esperar a vez; são barulhentos; são irritadiços; interrompem e se intrometem em conversas alheias; sempre em busca do prazer; se arriscam; podem ser agressivos e demonstram raiva; são agitados e ansiosos; agem com o coração e não com a razão.

Misto ou Combinado: mistura de sintomas do tipo desatento e hiperativo/ impulsivo.

De acordo com o DSM 5, tanto meninos quanto meninas podem ter TDAH, porém, existe sim um número maior de meninos. Também já existem inúmeros estudos e pesquisas, inclusive no Brasil, evidenciando que a prevalência desse transtorno é semelhante em diferentes regiões, o que indica que o transtorno não é secundário a fatores culturais ou ao modo como os pais educam os filhos, nem tão pouco resultado de conflitos psicológicos.

Os aprendentes com TDAH têm alterações nas conexões da região frontal e as demais partes do cérebro. E essa região frontal orbital é uma das mais desenvolvidas no ser humano se comparado com outras espécies animais, além de ser responsável pela inibição do comportamento controlando ou inibindo comportamentos inadequados, como também pela capacidade de prestar atenção, memória, autocontrole, organização e planejamento.

O que parece estar alterado nesta região cerebral, quando apresentado o TDAH, é o funcionamento de um sistema de substâncias químicas chamadas neurotransmissores, principalmente a dopamina e a noradrenalina, responsáveis por passarem as informações entre as células nervosas/neurônios.

Geralmente os sintomas do TDAH são de fácil percepção para quem convive com a criança, mas também podem ser mais implícitos, por isso, é extremamente importante estar atento aos sintomas e jamais confundir-se com algum distúrbio de aprendizagem, como dislexia, disgrafia, discalculia, por exemplo. Afinal, quanto mais cedo o diagnóstico, mais fácil a melhoria do desenvolvimento e a vivência do aprendente.

Em suma, evidenciamos que o TDAH não é doença, e sim, um transtorno que não tem cura, dessa forma, medicação somente, também não resolve! Precisa-se de um tratamento, uma intervenção multidisciplinar (psicólogos, psiquiatras, neuropsicopedagogos), para que o indivíduo compreenda seu transtorno e saiba como viver com ele de forma leve, tendo a capacidade de criar estratégias cotidianas para que seu dia a dia transcorra bem e possa andar de mãos dadas com seu TDAH.

Daí a importância de fazer efetiva a lei para que possa garantir os cuidados básicos e o acompanhamento necessário, na escola, aos alunos que apresentem qualquer tipo de transtorno que dificulte a sua aprendizagem, assim como a convivência social com os outros colegas e com a própria família.

Garantido esse direito pela lei a escola necessita efetivamente de profissionais que respondam por esse atendimento que são:

REFERÊNCIAS

ASSOCIAÇÃO MÉDICA BRASILEIRA (AMB); Associação Brasileira de Psiquiatria. Diretrizes Terapêuticas para Eletroconvulsoterapia. Brasília: AMB/CFM, 2015.

ASSOCIAÇÃO AMERICANA DE PSIQUIATRIA. Manual diagnóstico e estatístico de transtornos mentais. 4. ed. Texto revisado. Trad. Claudia Dornelles. Porto Alegre: Artes Médicas,

BARKLEY, R. A. (2008). Transtorno de déficit de atenção/hiperatividade (TDAH): guia completo e autorizado para os pais, professores e profissionais da saú

BASTOS, José Alexandre. *Discalculia: transtorno específico da habilidade em matemática.* In: ROTTA, Newra Tellechea. Transtornos da aprendizagem. Porto Alegre: Artmed, 2016.

BERNARDI, J. Discalculia: O que é? Como intervir? 1.ed. São Paulo: Paco Editorial, 2014.

International Dyslexia Association – IDA - (2018). IDA Definition of dyslexia. Baltimore. http://ma.dyslexiaida.org/wpcontent/uploads/sites/7/2016/03/Definition_of_Dyslexia.

JOHNSON, D.J.; MYKLEBUST, H.R. Distúrbios de aprendizagem: princípios e práticas educacionais. São Paulo: Pioneira, 1983.

HUDSON, D. Dificuldades específicas de aprendizagem: ideias práticas para se trabalhar com: dislexia, disclcuilia, disgrafia, dispraxia, TDAH, TEA, TOC; tradução de Guilherme Summ. Petropólis Vozes, 2019.

PENTEADO, J.O.A.; PADIAR, G. R. A disortografia como dificuldade de aprendizagem específica. São Paulo: CONIC, 2016.

PONÇADILHA. J. C. N. Disortografia: das concepções de professores e gestores às práticas pedagógicas e medidas educativas. Porto: Universidade Fernando Pessoa, 2016.

SILVA, A. B. B. *Mentes inquietas: TDAH: Desatenção, hiperatividade e impulsividade.* Rio de Janeiro: Objetiva, 2009.

Capítulo 3

O PROCESSO ENSINO-APRENDIZAGEM: RAZÃO DE SER DA ESCOLA

Pensar o ensino é pensar a aprendizagem, e ao debater sobre a aprendizagem e o ensino precisamos entender o que realmente constitui esse processo, o que já de início sabemos que estão presentes alunos e professores, no entanto, as ferramentas, os instrumentos, os recursos, as metodologias diferem de acordo com o conteúdo a ser trabalhado, o ambiente e a estrutura em que acontece, e principalmente, as relações e interações sociais que ali se manifestam, bem como os transtornos de aprendizagem presentes.

Sendo assim, iniciamos por tratar da compreensão dos sujeitos que compõem esse processo de forma mais direta e imediata: alunos e professores. Os alunos, seres racionais e complexos, assim como os professores, vivem, experienciam, pensam, sentem e apresentam expectativas diversas, são motivados, incentivados a partir de vários processos, interesses e relações vivenciadas.

Podemos afirmar que uma compreensão do processo de ensino-aprendizagem está vinculada a uma teoria psicológica desse processo, tendo em vista que a teoria apresenta como o processo ensino e aprendizagem é compreendido e exercido na sala de aula. Apresentaremos aqui três concepções teóricas que se apoiam em diferentes visões de homem, vinculadas a uma percepção de mundo existente em um dado momento histórico: inatismo, ambientalismo e interacionismo.

O inatismo parte do pressuposto de que o homem já nasce praticamente pronto para o mundo, podendo apenas ser aprimorado pelo ambiente em que vive, sem interferir em sua formação. As origens dessa concepção podem ser encontradas na filosofia idealista, na Teoria Evolucionista de Darwin e até na Teologia, como nos afirmam Davis e Oliveira (2015, p.27):

> As origens da posição inatista podem ser encontradas, de um lado, na Teologia: Deus, de um só ato, criou cada homem em sua forma definitiva. Após o nascimento, nada mais haveria a fazer, pois o bebê já teria em si os germes do homem que viria a ser. O destino individual de cada criança já estaria determinado pela "graça divina".

Por compreender que a e educação quase não se altera as determinações inatas, essa concepção traz prejuízos à escola, que passa a ter função homogeneizadora, visto que os conteúdos não precisam se relacionar com o aluno e sua realidade social e sim serem transmitidos de forma uniforme a todos, por igual, não respeitando as diferenças de cada um, consequentemente os transtornos de aprendizagem não são levados em conta.

O PROCESSO ENSINO-APRENDIZAGEM: RAZÃO DE SER DA ESCOLA 71

O professor é um inculcador de valores das gerações mais velhas para as gerações mais novas, tendo uma prática espontaneísta, sem desafios, pois cada um tem seu talento, dom ou aptidão próprios.

> Segundo este modelo de educação, consequentemente, o desempenho das crianças na escola deixa de ser responsabilidade do sistema educacional. Terá sucesso a criança que tiver algumas qualidades e aptidões básicas, que implicarão na garantia de aprendizagem, tais como: inteligência, esforço, atenção, interesse ou mesmo maturidade (desenvolvimento de pré-requisitos) para aprender. Assim, a responsabilidade está na criança (e no máximo em sua família) e não na sua relação com o contexto social mais amplo, nem tampouco na própria dinâmica interna da escola (Rego, 2014, p.88).

O processo ensino-aprendizagem, de acordo com essa concepção, se dá quase totalmente de forma natural, sem ser preciso aprimorar conteúdos, produzir conhecimentos, construir algo novo, criar. Como o homem já nasce feito, o que pode acontecer é apenas um aprimoramento do que ele é ou, com certeza, virá a ser.

> [...] O ditado popular "pau que nasce torto morre torto" expressa bem a concepção inatista, que ainda hoje aparece na escola, camuflada sob o disfarce das aptidões, da prontidão e do coeficiente de inteligência. Tal concepção gera preconceitos

prejudiciais ao trabalho em sala de aula (Davis e Oliveira, 2015, p. 29).

Outra concepção que serve de suporte para muitas ações realizadas na escola é a ambientalista. Divergindo da concepção que tratamos anteriormente: a inatista, essa atribui ao ambiente um poder quase que exclusivo de formador e transformador do homem.

Essa abordagem tem sua origem nas correntes filosóficas empirista positivista e racionalista, que tem como principais representantes: Francis Bacon, Tomas Hobbes, Augusto Comte, J. B. Watson e B.F. Skinner. Para os empiristas todo conhecimento é obtido através das experiências vividas pelo sujeito no meio em que se encontra.

Temos, na Psicologia, um grande defensor dessa concepção teórica: B.F. Skinner que, em seus estudos e experimentos, tenta explicar os comportamentos observáveis do sujeito, não levando em conta outros aspectos do ser humano como: raciocínio, desejos, fantasias e sentimentos.

Os ambientalistas defendem a ideia de que é possível controlar o comportamento manipulando-se os elementos que se encontram no ambiente. Essas mudanças no comportamento podem ser provocadas de diversas formas:

> Uma delas requer uma análise das consequências ou resultados que o mesmo produz no ambiente. As consequências positivas são chamadas de **reforçamento** e provocam um aumento na frequência com que o comportamento aparece... já as consequências negativas recebem o nome de **punição** e

levam a uma diminuição na frequência com que certos comportamentos ocorrem... Quando um comportamento é absolutamente inadequado e se considera desejável eliminá-lo totalmente do repertório de comportamentos de um certo indivíduo, usa-se o procedimento dito de **extinção** (Davis e Oliveira, 2015, p. 31-32).

Podemos então perceber que a aprendizagem, nessa concepção, está ligada à experiência, prática, experimentação. O comportamento se modifica como resultado dessa experiência, que é preciso ser planejada, direcionada para os objetivos que se pretende atingir.

Fazendo uma análise do ambientalismo, Rego (2014, p. 88-89) faz a seguinte crítica:

> Os postulados do ambientalismo podem servir para legitimar e justificar diferentes (e muitas vezes antagônicas) práticas pedagógicas que variam entre o assistencialismo, o conservadorismo, o direitivismo, o tecnicismo e até o espontaneísmo. O impacto da abordagem ambientalista na educação pode ser verificado nos programas educacionais elaborados com o objetivo de estimular e intervir no desenvolvimento das crianças provenientes das camadas populares ou compensar, de forma assistencialista, as "carências sociais" dos indivíduos. Nesses casos o que está subjacente é a ideia de que a escola tem, não somente o poder de formar e transformar o indivíduo, como também a incumbência de corrigir problemas sociais.

Por muito tempo foi essa concepção que serviu de base para as práticas educativas voltadas para a supervalorização do ensino e da escola, compreendendo o aluno como vazio, sem qualquer conhecimento anterior. O que predomina é a verdade da escola, transmitida pela sabedoria do professor ao aluno, que apenas recebe, executa o que lhe é ensinado.

Vemos, ainda hoje, práticas escolares marcadas por essa visão de ensino e aprendizagem, quando se valoriza apenas o trabalho individual, a disciplina, a memorização e as notas, posse do professor, que é considerado como o único capaz de avaliar e julgar o conhecimento e o comportamento de cada aluno.

Na concepção ambientalista, a aprendizagem é ocasionada por repetições sistematizadas de exercícios de fixação e cópias. Os conteúdos, a metodologia e os recursos didáticos não precisam se relacionar com a realidade do aluno e, consequentemente, não o torna envolvido no processo, assim não o faz construtor de conhecimentos, o que favorece o seu distanciamento do conhecimento elaborado, sistematizado, que é transmitido pela escola. Nessa percepção, Rego (2014, p. 92) faz uma análise das abordagens inatista e ambientalista, que vale salientar aqui:

> É bastante curioso observar como abordagens tão distintas, como inatismo e ambientalismo, baseadas em pressupostos epistemológicos tão diferentes, podem ser utilizadas para justificar uma mesma perspectiva pedagógica: o espontaneísmo. Esta identificação se dá na medida em que ambas reforçam a ideia de um determinismo prévio (por

razões inatas ou adquiridas), que acarreta uma espécie de perplexidade e imobilismo do sistema educacional. A escola se vê, assim, desvalorizada e insenta de cumprir o seu papel de possibilitadora e desafiadora (ainda que não exclusiva) do processo de constituição do sujeito, do ponto de vista do seu comportamento de um modo geral e da construção de conhecimentos.

A partir do que foi analisado sobre a concepção ambientalista, entendemos que esta concepção não está preocupada em explicar os processos através do quais se dá o raciocínio do aluno, assim como a sua atividade cognitiva e que, por sua vez, se encontram presentes na forma como o aluno se apropria do conhecimento.

Tentamos fazer um levantamento das concepções mais gerais que tentam explicar o processo ensino-aprendizagem de formas diversas, para que possamos compreender a concepção adotada por nós, que é de uma perspectiva interacionista, baseada nos estudos realizados por Vygotsky, numa visão histórico-social.

Antes de esclarecer essa concepção, faz-se necessário retomar a compreensão anterior de escola, que é de mera transmissora do saber acumulado de geração a geração. Essa compreensão de escola levou, durante muito tempo, a separar o ensino da aprendizagem, reforçando assim a distância entre o saber científico e o saber adquirido nas relações sociais que se estabelecem com os indivíduos, que vão além dos muros escolares. O saber era de uns, os professores, e a aprendizagem de outros, os alunos, receptores passivos desse jogo de ensinar e aprender.

No entanto, a escola não corresponde aos anseios da sociedade em que está inserida e isso requer mudanças na compreensão desse processo, que passa a evidenciar o aluno como ser ativo, social, que vive e se relaciona com outros e por isso, ao chegar na escola, já traz conhecimentos que precisam ser levados em conta, para que assim, a escola faça sentido e possa servir de mediadora entre o mundo objetivo, real, concreto e o mundo pretendido, em que todos sejam integrantes e atuantes críticos, conscientes de que são formadores da sua própria história.

A partir desse entendimento do aluno como ser ativo social, é que se tenta evidenciar a concepção interacionista de Vygotsky. Para esse teórico, o desenvolvimento da criança deve ser examinado a partir do mundo social em que ela faz parte, porque as habilidades cognitivas e linguísticas aparecem inicialmente, no plano social e depois no plano psicológico. Partindo daí, Vygotsky fornece uma nova compreensão de aprendizagem e introduz a zona de desenvolvimento proximal (ZDP) definida como:

> [...] a distância entre o nível de desenvolvimento real, que se costuma determinar através da solução independente de problemas, e o nível de desenvolvimento potencial, determinado através da solução de problemas sob a orientação de um adulto ou em colaboração com companheiros mais capazes (Vygotsky, 1989, p. 97).

O PROCESSO ENSINO-APRENDIZAGEM: RAZÃO DE SER DA ESCOLA

O ensino passa a ser uma assistência ao desempenho do aluno em sua atuação pela zona de desenvolvimento proximal. Percebemos, com isso, que para Vygotsky (1989) a escola deve proporcionar situações em que todos os envolvidos no processo participem, em que a autoridade não se imponha, em que se entenda que as pessoas ao se interagirem se influenciam, sendo a aprendizagem vista como um processo de cooperação entre sujeitos.

Dessa forma, todos os envolvidos no processo são responsáveis e, como tal, atuantes, na busca pela consolidação dos objetivos educacionais. Vygotsky ressalta ainda a escola como um local da produção social de signos e a linguagem como meio de consolidar a construção de ambientes educacionais propícios à criação, descoberta e apropriação do científico produzido pelo homem em toda a sua história.

> Ora, tal como os homens historicamente criam e usam instrumentos na sua relação com a sua natureza, com o fim de transformá-la, dominá-la assim também criam e usam, no curso da história, os signos – a linguagem, a escrita, os números –, através dos quais internalizam a cultura e se tornam capazes de agir como sujeitos históricos produtores de cultura. A linguagem desempenha aqui um papel essencial, por ser construidora da consciência e organizadora da ação humana (Kramer, 2003, p. 90).

Não estamos falando mais de uma escola que distancia o ensino do aprendizado, mas de uma escola que considera o ensino-aprendizagem como um processo que se constrói no dia-a-dia, que se consolida com a interação dos que participam desse processo, que com a aceitação do aprendizado externo, das relações sociais que se estabelecem fora da escola forma um aparato de conhecimentos que serão úteis ao aprendiz. Essa escola mencionada agora interliga todas as disciplinas escolares, possui um projeto pedagógico, sabe para onde ir e como ir, reconhece todas as atividades da escola e seus sujeitos como participantes do processo ensino-aprendizagem, sendo a atividade pedagógica um ato de mediação.

Assim esclarecem Luria, Leontiev e Vygotsky (1991, p.10):

> A partir do momento em que um problema fundamental do processo educativo é o da formação social e da formação individual, ligadas entre si por uma relação dialética, deduz-se que a comunicação no interior dos grupos de estudantes adquire a máxima importância. Uma "classe" não é um grupo passivo de ouvintes pouco interessados e "dominados" por um professor, mas sim, pelo contrário, um "coletivo", um grupo de pessoas eu, interagindo entre si, têm um único objetivo.

Dessa forma, o processo educativo considera a comunicação como fator do desenvolvimento mental, sendo importante esse processo acontecer com outros colegas de sala de aula, por exemplo, para a partir de então, cada um tomar consciência do que está sendo aprendido com clareza, contradições e de como pode ser interpretado e utilizado para explicar outros aspectos da realidade, mas para que isso ocorra, a comunicação deve ser adequada ao nível de cada aprendente em um processo construtivo do conhecimento.

Nessa compreensão de ensino e de aprendizagem, interessam as diferenças, interessam os transtornos de aprendizagem pois são colocados em cena para que professor e aluno dialoguem, conheçam-se e juntos possam caminhar em busca da aquisição construtiva do conhecimento, como partícipes, protagonistas do processo.

Para Engeström (2013, p. 69): "O indivíduo não pode mais ser compreendido sem o seu meio cultural, e a sociedade não pode ser mais compreendida sem a agência de indivíduos que usam e produzem artefatos', o que constituem objetos de mediação do processo e que se tornam vivos e móveis, não apenas estáveis, para que a aprendizagem aconteça de forma integral, participativa e de forma significativa, fazendo sentido e sendo utilizado na vida social do sujeito aprendente.

Tantas outras teorias da aprendizagem foram construídas e designadas como capazes de inserirem no processo de ensino e de aprendizagem o fazer contínuo, ligado ao desenvolvimento cognitivo, social, mas também envolvendo emoções, sentimentos, discursos que perpassam não só o espaço instituído do aprender que é considerado a instituição escolar, estabelecendo relações contínuas com os outros e outras esferas de apropriação de conhecimentos mediadas pelo professor que utiliza diversas ferramentas para que esse processo aconteça de forma ampla, global e individual, e aqui incluímos as tecnologias de informação e comunicação como capazes de apoiarem e serem úteis como instrumentos pedagógicos de mediação.

Não falamos sobre as tecnologias nesse livro, mas quem sabe em outro momento para que nos apropriando desse fazer possamos dar dicas e entender o como fazer em sala de aula para que o processo pedagógico seja cada vez mais inclusivo e capaz de responder aos interessados por ele: professor, aluno, pais, responsáveis, gestores, orientadores, supervisores, bibliotecários e outros que fazem acontecer a educação, acontecer a aprendizagem, acontecer o ensino.

REFERÊNCIAS

ENGESTRÖM, Yrjo. *Aprendizagem expansiva: Por uma reconceituação pela teoria da atividade. In*: ILLERIS, Knud (org.). Teorias Contemporâneas da aprendizagem. Porto Alegre: Penso, 2013.

LURIA, A. R., LEONTIEV, A., VYGOTSKY L. S. *et all. Psicologia e Pedagogia: Bases psicológicas da aprendizagem e do desenvolvimento.* Trad. Rubens Eduardo Frias. São Paulo: Moraes, 1991.

KRAMER, Sônia. *Por entre pedras: armas e sonhos na escola.* São Paulo: Ática, 2003

DAVIS, Cláudia e OLIVEIRA, Zilma M.R. *Psicologia na Educação.* 3. ed. São Paulo: Cortez, 2015.

REGO, Teresa Cristina. *Vigotsky-Uma perspectiva histórico-cultural da educação.* 25. ed. Petrópolis, Editora Vozes, 2014.

VYGOTSKY, L.S. *A Formação Social da Mente.* São Paulo: Martins Fontes, 1989.

SOBRE AS AUTORAS

Verônica Maria de Araújo Pontes

Professora do Posensino/UERN/IFRN/UFERSA e do Doutorado em Ensino/RENOEN/IFRN. Doutora e pós-doutora em educação pela Universidade do Minho, Universidade de Lisboa e Universidade de Buenos Aires. Coordenadora do Doutorado em Ensino/RENOEN/IFRN.

Maria Carmem Silva Batista

Professora da Universidade do Estado do Rio Grande do Norte – UERN e supervisora da Rede Municipal de Ensino de Mossoró. Mestre e Doutora em Letras.

Impresso na Prime Graph
em papel offset 75 g/m²
fonte utilizada adobe caslon pro
abril / 2024